L'ADMINISTRATION

ET LA

SOCIÉTÉ DES EAUX THERMALES

DE

Hammam-bou-Hadjar

GENÈVE

IMPRIMERIE DE LA « TRIBUNE DE GENÈVE » RUE BARTHOLONI

1895

L'ADMINISTRATION

ET LA

SOCIÉTÉ DES EAUX THERMALES

DE

Hammam-bou-Hadjar

GENÈVE

IMPRIMERIE DE LA « TRIBUNE DE GENÈVE » RUE BARTHOLONI

1895

MÉMOIRE

La concession des Eaux Thermales de Hammam-bou-Hadjar, a fait le 16 Janvier 1884, l'objet d'un décret de M. le Président de la République.

Elle comprend, le droit d'exploitation pour 99 ans de toutes les sources qui existent sur un terrain de 156 hectares, 28 ares, 99 centiares, et la jouissance de ce terrain.

A ce décret est annexé une convention en date du 29 Novembre 1882 qui règle les charges, clauses et conditions de la concession.

Elle impose la construction dans un délai de quatre ans, d'un Etablissement Thermal de quatre vingt mille francs, qui doit, comme toutes les constructions qui existeront à l'expiration des 99 ans, rester la propriété de l'Etat.

Les concessionnaires sont en outre astreints à diverses charges hospitalières.

Ils ne doivent faire aucun travail de construction, de captage ou de canalisation, sans en avoir soumis les plans à l'approbation de l'Administration.

Le monopole de l'exploitation des sources déclarées d'intérêt public par décret du 24 Janvier 1879, est assuré par l'article 2 de la convention annexée au décret de concession, qui interdit aux habitants du village de Hammam-bou-Hadjar de faire aucun commerce, *aussi bien avec l'eau des sources concédées, qu'avec celle des sources réservées par l'Etat.*

Il est utile pour l'intelligence de ce qui va suivre, de reproduire en entier cet article.

ARTICLE 2.

Cette concession est faite exclusivement pour l'usage médical des dites sources et eaux, tel que boissons, douches ou autre mode d'usage médical : l'usage des eaux pour tout autre emploi sera déterminé, s'il y a lieu, d'après les lois et règlements applicables aux Eaux en général.

Spécialement et pour les cas, où l'on ne pourrait assurer l'alimentation en eau potable des habitants du village d'Hammam-bou-Hadjar, et l'irrigation de leurs jardins, qu'en empruntant aux sources concédées, l'Etat se réserve le droit de disposer dans ce but de la quantité nécessaire, sans que cette quantité puisse servir préalablement à aucun usage médical. L'Etat sera seul juge de la convenance d'effectuer une telle réserve et de déterminer la quantité á réserver, après en avoir toutefois avisé les concessionnaires, qui seront admis à faire valoir leurs obserservations; l'eau réservée, comme toute autre appartenant à l'Etat, ne pouvant faire en aucun cas, de la part des habitants, l'objet d'aucun commerce. »

En 1887, lorsque je devins cessionnaire des droits de MM. Chadebec et Malacour, titulaires de la concession, ces derniers n'avaient encore rempli aucune des obligations qui leur étaient imposées par le cahier des charges, et, par lettre du 29 Mars de la même année, l'Administration les avait mis en demeure de commencer les travaux.

Il existait à cette époque, un petit Etablissement thermal construit par le génie militaire. Il se composait de deux piscines à l'usage des Indigènes et de deux baignoires à l'usage des Européens et des Israélites avec logements.

Cet Etablissement était alimenté par la source dont le débit est le plus abondant et la température la plus élevée de tout le groupe. Cette source est désignée sous le nom de : *Grande source thermale.*

Les malades, attirés par la réputation des eaux, y venaient de très loin et en notable quantité.

Il est évident, que l'exploitation des Eaux de Hammam-bou-Hadjar, étant concédée à titre onéreux, cet Etablissement devait être fermé le jour où l'exploitation des concessionnaires commencerait ; l'article 2 de la convention ne laisse subsister aucun doute à cet égard.

Aussitôt que le décret de concession fut rendu, l'administration signifia par acte extra judiciaire à la commune de Hammam-bou-Hadjar, d'en cesser l'exploitation.

Il résultait des études faites par l'Administration, que les sources utilisables pour l'alimentation de l'Etablissement à créer, existant dans le périmètre concédé, étaient au nombre de dix classées et dénommées de la façon suivante :

Numéros	Dénominations	Débits en litres par minute	Température
1	Source Meskine	15	55°
2	id. id.	6	51°
3	id. du Palmier . . .	489	78°
4	id. sans nom	12	55°
5	id. id	4	52°
6	id. id.	18	55°
7	id. id.	30	55°
8	id. id.	25	52°
9 et 10	id. gazeuse	36	16°

Je pensais donc me trouver en possession d'une quantité d'eau plus que suffisante pour alimenter un Etablissement thermal de l'importance de celui qui était imposé par le cahier des charges et qui ne comprenait pas moins que 16 baignoires, 2 salles d'hydrothérapie, 3 piscines et 2 buvettes.

Mais c'était compter sans l'Administration.

En effet, dans le but d'augmenter le débit de la source N° 3 dite du Palmier, le service des Ponts et chaussées, employant la mine pour ouvrir une tranchée dans la roche travertineuse, venait de perdre cette source. Son débit qui était de 489 litres à la minute était tombé à 7 litres. M. Bayls, relate lui-même ce fait dans son rapport à l'Association Française pour l'avancement des sciences au Congrès de 1888.

En outre, à la faveur de l'Article 2 du cahier des charges, elle s'était emparée des sources nos 9 et 10, les avait canalisées et conduites au village pour l'alimentation des fontaines.

Sous prétexte d'irriguer les jardins des colons, elle avait capté les sources nos 8 et 11 et les avait amenées à un grand bassin.

Est-il nécessaire de dire que ce bassin n'a jamais été utilisé pour l'irrigation, et que, malgré les prescriptions du cahier des charges, les concessionnaires n'ont jamais été avisés de la main mise sur ces sources et qu'ils n'ont jamais été admis à faire valoir leurs observations à ce sujet.

Cette main-mise devait être d'un précieux secours au Maire de Hammam-bou-Hadjar, pour servir les projets du sieur Bézy et faire de l'opposition à toutes les demandes d'autorisation de captage et de canalisation, que le concessionnaire allait être dans la nécessité d'adresser à l'Administration.

Quant à la grande source thermale qui alimentait l'Etablissement construit par le Génie militaire, elle prend évidemment naissance sur le terrain de la concession, car on l'entend très distinctement courir à une faible profondeur, le long de la fente médiane du rocher, qui forme les branches du fer à cheval ; mais elle va surgir en dehors du périmètre concédé, sur une parcelle appartenant à la commune d'Hammam-bou-Hadjar.

Il ne restait donc à la disposition du concessionnaire pour alimenter un Etablissement de proportions aussi vastes que les sources n°s 1, 2, 3, 4, 5, 6 et 7.

Les premiers sondages faits avant de commencer les travaux, durent faire renoncer à amener immédiatement à l'Etablissement les sources 6 et 7. En effet en commençant la tranchée qui devait recevoir la canalisation de ces sources, on mit à découvert sous une mince couche de calcaire, un ban de boue très liquide d'une profondeur inappréciable, ne pouvant supporter le poids d'un homme.

Le total du débit des sources utilisables se trouvait donc réduit à 46 litres à la minute.

Et c'est avec cette faible quantité d'eau, qu'il fallait alimenter 16 baignoires, 3 piscines et 2 salles d'hydrothérapie.

Telle était la situation faite au concessionnaire.

Ce n'est pas tout.

L'article 12 du cahier des charges, obligeant les concessionnaires à construire dans l'Etablissement une piscine pour les Arabes, constituait un véritable obstacle à la bonne organisation, comme à la réussite de la station.

On se demande comment des Administrateurs connaissant les Arabes, avaient pu introduire cette clause qui allait imposer aux baigneurs une promiscuité continuelle avec les Indigènes.

M'étant rendu compte de cette situation, j'allai la soumettre à M. Dunaigre, alors Préfet d'Oran.

Je lui exposai que ce n'était pas avec un débit aussi faible, qu'il était possible d'alimenter un établissement de cette importance, qu'il était indispensable que l'Administration renonçât en partie à se prévaloir de la clause léonine de l'Article 2, et restituât à la concession, les sources dont elle s'était emparée pour l'alimentation et l'irrigation du village de Hammam-bou-Hadjar.

Qu'il était de toute nécessité de comprendre dans la concession, la grande source qui alimente l'ancien Etablissement, qui est la plus chaude et la plus abondante de tout le groupe et qui enfin par ses cures merveilleuses a fait seule la réputation des eaux de Hammam-bou-Hadjar.

Qu'en outre si l'on voulait créer un établissement ayant quelques chances de succès et attirer dans la station quelques hiverneurs, il fallait séparer d'une façon absolue les Indigènes des Européens.

M. Dunaigre, à la bienveillance duquel je me plais à rendre hommage, comprit que l'avenir de la station, dépendait de la solution de toutes ces questions. Il me promit de faire tout ce qui dépendrait de lui, pour me faire accorder la concession de la grande source thermale et la règlementation raisonnable de l'irrigation des jardins du village.

Quant à la séparation des Indigènes et des Européens, il fut convenu que je demanderais à la commune d'Hammam-bou-Hadjar de m'affermer l'Etablissement construit par le Génie militaire, et que les Indigènes continueraient à y prendre leurs bains. La promiscuité que je redoutais serait ainsi évitée.

Toutes les difficultés semblaient aplanies. Les plans d'adduction des sources et ceux de l'Etablissement thermal ayant été approuvés par Monsieur le Gouverneur Général, je commençai les travaux.

Pendant la construction de l'Etablissement thermal, je constituai la Société des Eaux thermales, pour donner à l'entreprise le développement qu'elle comportait.

Les principales notabilités commerciales d'Oran, se mirent à la tête de cette société, et M. Bézy, Conseiller Général de l'arrondissement, en fut l'un des principaux promoteurs.

Outre l'Etablissement thermal, un hôtel qui peut loger 50 baigneurs fut construit et des plantations importantes d'arbres furent faites dans le fer à cheval. L'embouteillage de la source gazeuse avec les appareils nécessaires à sa gazéification furent aménagés dans un bâtiment spécialement édifié à cet effet.

Le procès-verbal de réception des travaux dressé par le service des Ponts et chaussées le 21 octobre 1890, en exécution de l'article 6 du cahier des charges, évalue les dépenses faites pour la construction de l'Etablissement thermal et de l'hôtel, à la somme de cent-cinquante-neuf-mille sept cent-cinquante-cinq francs.

Comme le relate ce procès-verbal, les dépenses d'embellissement des abords de l'Etablissement, celles de plantations et d'achat de mobilier n'y sont pas évaluées.

La Société avait donc dépassé de plus du double le chiffre de dépense, en contructions sur le terrain de l'Etat, qui lui était imposé par le cahier des charges.

La quantité d'eau dont on pouvait disposer étant très faible, on installa seulement huit baignoires, une salle de douches et une piscine.

Les travaux d'aménagement des huit autres cabines de bains et de la seconde salle d'hydrothérapie, furent cependant poussés assez avant, pour que la société fut en mesure de les ouvrir en quelques jours au public, aussitôt que l'Administration l'aurait autorisée à capter d'autres sources. En attendant, ces locaux servirent aux baigneurs de salles de repos à la sortie du bain.

L'Administration donna du reste son adhésion à cette modification provisoire. On peut lire dans le Procès-verbal de réception des travaux :

Le débit total des sources est de (44 litres multipliés par 1440) 63,360 litres par 24 heures et se trouve ainsi en différence de 61,920 litres sur les 125,280 litres prévus par la Société, qui doit soumettre de nouvelles propositions pour arriver à achever le fonctionnement des bains et services hydrothérapiques de l'Etablissement.

Constatons en passant l'erreur que commet le rapporteur. Son travail est daté du 11 Octobre 1890; or le 22 Août précédent, j'avais adressé à M. le Préfet d'Oran une demande avec plans et profils à l'appui afin d'être autorisé à capter et à amener à l'Etablissement la source n° 2. Il n'a jamais été fait à cette demande aucune réponse.

Vers la fin de 1889, l'Etablissement puis l'hôtel furent ouverts au public et pendant la saison balnéaire de 1890, cinq cent quarante malades vinrent demander leur guérison aux eaux de Hammam-bou-Hadjar.

Le nombre de baigneurs venus pendant la première année, donnait à la Société le droit d'avoir confiance dans l'avenir; ce chiffre, bien des stations françaises ne l'ont atteint, qu'après des années de sacrifice et de publicité.

L'Administration se montrait disposée à aider au succès de la station naissante. Elle accueillait favorablement une demande que la Société lui avait faite dans le but d'être autorisée à vendre 86 hectares des terrains dont elle n'avait que la jouissance. Cette demande, il est vrai, était appuyée par le sieur Bézy. La lettre suivante communiquée par lui au Conseil de la Société, ne laisse aucun doute sur les bonnes dispositions de l'Administration.

GOUVERNEMENT GÉNÉRAL
DE L'ALGÉRIE

N° 3734

Alger, le 2 Septembre 1889.

MON CHER CONSEILLER GÉNÉRAL,

Par lettre du 17 Août dernier vous m'avez prié de vous renseigner sur la suite donnée au projet de Décret qui a été préparé par le service des Domaines, pour permettre à la Société des Eaux thermales de Hammam-bou-Hadjar, d'aliéner une partie des terres domaniales dont la jouissance lui a été concédée pour 99 ans, avec l'exploitation des sources.

M. le Gouverneur Général avait prescrit, ainsi que vous vous le rappelez, de transmettre le dossier au Ministère des Finances, mais après un examen attentif de l'affaire, il a paru que le projet tel qu'il a été établi ne pouvait être soumis utilement à la sanction du chef de l'Etat.

En effet, l'économie du projet consiste à autoriser la Société à vendre partie des immeubles, dont elle est locataire, à la charge d'employer sous le contrôle de l'Administration les sommes à provenir de la vente, à des travaux utiles à l'exploitation. Or il n'est pas admissible que l'Etat donne mandat à un tiers de vendre des biens domainiaux.

Et d'ailleurs, à supposer par impossible qu'il acceptât cette combinaison, le prix de la vente devrait nécessairement, d'après les règlements des finances rentrer dans les caisses du trésor et non pas être affecté à des travaux d'aménagements qui profiteraient avant tout à la Société des Eaux de Hammam-bou-Hadjar. Il n'est pas douteux que le Ministre eut rejeté une pareille convention comme présentant tous les caractères d'une subvention déguisée.

J'ai pensé qu'il était préférable dans l'intérêt même de la Société de rechercher dès à présent une autre combinaison, qui permit de lui donner entière satisfaction, tout en ayant l'avantage d'être conforme aux règles administratives

M. le Préfet d'Oran a reçu par lettre du 16 Août dernier des instructions en conséquence. Il a été prié de tenir la main à ce que le dossier de l'affaire soit renvoyé le plus tôt possible, dûment modifié et complété.

Veuillez agréer, mon cher Conseiller Général, l'assurance de ma considération distinguée.

Pour le Gouverneur Général, le Secrétaire Général.

Malheureusement, la Société ne devait jamais profiter de cette bienveillance et l'Administration devait bientôt devenir l'instrument docile dont le sieur Bézy allait se servir pour ruiner l'entreprise.

L'entente ne pouvait durer plus longtemps entre le Gérant responsable de la Société et le sieur Bézy, si ce Gérant ne voulait pas sacrifier les intérêts des actionnaires à ceux du Conseiller Général journaliste, en se prêtant docilement à ses combinaisons.

Pour l'intéresser à la prospérité de l'entreprise, la Société lui avait affermé trois hectares des terrains de la Concession, situés à l'extrémité de la branche Ouest du fer à cheval, avec promesse de les lui vendre, lorsqu'elle aurait obtenu l'autorisation d'aliéner les terrains dont elle n'avait que la jouissance.

Voici la copie de cette convention :

Entre les soussignés, M. Trombert agissant comme Gérant de la Société des Eaux thermales de Hamman-bou-Hadjar et conformément à la délibération du Conseil de surveillance en date du 7 Février 1889.

Et M. Bézy, Jean-Guillaume, d'autre part. Il a été convenu ce qui suit, sauf ratification par l'Assemblée Générale des Actionnaires conformément aux statuts.

M. Trombert, loue à M. Bézy qui accepte, le terrain situé à l'extrêmité du fer à cheval, branche Ouest, porté au plan ci-joint et compris dans le polygone A. B. C. D E. F. moyennant un loyer annuel de trente francs.

M. Bézy s'engage à construire une maison sur ce lot et à n'éxécuter aucun travail de fouille, de nature à modifier le régime des Eaux, sans autorisation préalable du Gérant. Il restera soumis aux conditions qui réservent le monopole des Eaux à la Société.

L'entrée en jouissance datera du 1er Avril 1889. En cas d'autorisation donnée par l'Etat, d'aliéner une partie du domaine de la Société, M. Bézy aura le droit de réclamer l'acquisition du lot qu'il loue, en capitalisant le loyer sur le taux de six pour cent.

La superficie est d'environ trois hectares et demi, dont trois hectares de terrains rocheux.

Dans le cas où la Compagnie voudrait prolonger sur ses terrains le boulevard du village, M. Bézy serait tenu de reculer sa limite et de la placer sur le nouvel alignement, sans avoir aucune indemnité à réclamer. Un passage de dix mètres de large sera laissé à M. Bézy, pour lui permettre d'accéder au chemin, s'il est créé.

Fait à double, à Oran, le 15 Mars 1889.

Signé : Bézy et Trombert.

Malgré la défense formelle contenue dans la convention que l'on vient de lire, le sieur Bézy se mit à capter l'une des sources qui jaillit sur ce terrain et à forer un puits. Il employait pour ce forage la poudre et la dynamite, au risque de perdre la principale source qui alimente l'Etablissement : la source Meskine.

Je dus m'adresser aux tribunaux pour faire cesser ces travaux.

Ce n'était pas là le seul motif de son ressentiment. Il ne s'était démarché pour faire accorder à la Société l'autorisation d'aliéner les terrains dont elle n'avait que la jouissance. que dans un but d'intérêt personnel.

Son projet était de les faire abandonner par la Société à son ami et associé M. Mérel, à titre de subvention pour la construction du chemin de fer d'Er-Rahel à Aïn-el-Arba, dont ce dernier était concessionnaire.

Je fis opposition à ce projet, car, outre qu'il devait priver la Société d'une ressource sur laquelle elle comptait pour réaliser les améliorations qui s'imposaient, ce chemin de fer pouvait être construit sans que la Société s'imposât un si énorme sacrifice.

A partir de ce jour, le sieur Bézy commença ses hostilités contre l'entreprise.

Il assaillit la Préfecture de plaintes contre la Société.

Il n'est pas besoin de dire qu'aucune ne reposait sur un motif sérieux et qu'elles n'étaient destinées qu'à susciter à la Société des difficultés auprès de l'Administration.

Il est inutile de reproduire ici toutes ces plaintes ; mon intention n'est pas d'édifier les intéressés sur le but que poursuivait M. Bézy. Ses antécédents et sa moralité sont assez connus pour que personne à Oran se soit mépris sur les motifs de sa campagne.

Ce que je veux établir, c'est que l'Administration devait être mise en garde contre les menées du Conseiller général d'Aïn-Témouchent et du Maire de Hammam-bou-Hadjar, et que c'est de parti-pris qu'elle enfouissait dans ses cartons, sans y répondre, tous les projets et toutes les demandes que la Société lui adressait et dont elle connaissait l'urgence.

L'une de ces plaintes cependant mérite d'être reproduite en entier, car elle indique bien le plan de campagne du sieur Bézy.

On sait qu'en vertu d'un accord conclu avec l'Administration, l'ancien Etablissement était spécialement et exclusivement affecté aux indigènes et que ce n'est que grâce à cet accord que la Société avait évité l'obligation de les recevoir dans l'établissement neuf.

On sait aussi que la source qui alimente l'ancien établissement n'est pas comprise dans la concession. L'Etat se l'est réservée. Elle est figurée en effet par un liseré bleu sur le plan dressé par la commission du Sénatus Consulte, annexé à l'article 72, nº 4 (sources et puits, section des réserves du domaine public). Son parcours de canalisation est fixé à cinq centiares.

Il est difficile de s'imaginer les motifs qui ont pu motiver cette réserve.

Il semble en effet que la première source qui eut dû être comprise dans la concession était celle-là, la plus abondante, la plus élevée en température, celle qui a fait les cures merveilleuses qui motivaient la création d'un établissement thermal.

Habile à profiter des fautes de l'Administration, M. Bézy s'était rendu compte du parti qu'il pouvait tirer de cette situation absurde, créée par une incurie ou une ignorance impardonnables. Son plan fut vite tracé.

Empêcher les malades d'achalander l'établissement neuf créé à grands frais, en accréditant dans l'opinion publique, que la source de l'ancien établissement était la seule efficace ; empêcher la Société d'obtenir la concession de cette source, puis pousser la commune de Hamman-bou-Hadjar à s'en emparer et à faire concurrence à la Société.

Une fois dépouillée de son monopole, l'entreprise ne pouvait qu'aller à la ruine.

Voici la lettre que M. le Préfet adressait au Président du Conseil de surveillance à la suite de cette plainte :

PRÉFECTURE D'ORAN
4me Bureau

Oran, le 7 Juin 1890.

MONSIEUR,

Monsieur le Conseiller général Bézy m'a adressé, en l'appuyant, la plainte ci-jointe qu'il a formulée au nom d'une dame Marin, à qui son médecin a prescrit des bains à l'ancien établissement thermal d'Hammam-bou-Hadjar, et qui aurait éprouvé de la part du gérant le refus de laisser suivre cette ordonnance.

Le gérant veut obliger, parait-il, la dame Marin à se baigner dans le nouvel établissement dont les eaux ne conviennent pas à la maladie dont elle est atteinte.

Je vous serai très reconnaissant, Monsieur, de vouloir bien, après examen de cette affaire, donner des instructions s'il y a lieu pour que la pétitionnaire ait satisfaction et me faire connaître ce qu'il vous aura été possible de faire à cet effet.

Agréez, je vous prie, etc.

Pour le Préfet, le Secrétaire général.

En même temps qu'il harcelait l'Administration, le sieur Bézy menait dans son journal une campagne active.

Citons quelques extraits des nombreux articles publiés par le *Petit Fanal.*

N° 3237. — DU 23 MAI 1890

Les sources desservant le nouvel établissement sont insuffisantes sous le rapport du débit et sous celui de la température qui n'est pas assez élevée. On ne s'explique pas pourquoi le Gérant s'obstine à défendre aux baigneurs Français l'entrée de l'ancien Etablissement alimenté par des sources abondantes et d'une température de 74 degrés.

D'après certains docteurs, la composition des sources varie avec leur refroidissement et varie d'autant plus que ce refroidissement est plus ancien. Celles qui n'ont que 40 degrés à leur émergence ont donc moins de vertus que celles qui en ont 74.

Les cabines mal installées...

N° 3263. — DU 18 JUIN 1890

Il existe aujourd'hui à Hammam-bou-Hadjar deux bâtiments dans lesquels se trouvent des baignoires.

L'un, récemment construit, est installé dans le fond du fer-à-cheval. L'autre, propriété de la commune, est loué à la Société fermière avec obligation de ne pas changer sa destination, est situé à l'extrêmité du rocher connu dans le pays sous le nom de rocher de la cascade.

Les docteurs considèrent que les eaux qui desservent le premier de ces thermes, n'ont ni la qualité ni la température suffisantes pour certaines maladies. Ils prescrivent les bains à l'ancien Etablissement où se trouve une source de 74 degrés.

Le Gérant empêche les malades de se conformer à l'ordannance et il les oblige à aller au nouvel Etablissement, dont les eaux ne les guérissent pas, ou ne les guérissent que très lentement... etc.

N° 3272. — DU 27 JUIN 1890

Aux termes du cahier des charges de la concession des eaux thermales de Hammam-bou-Hadjar, le fermier des bains, peut être obligé de renoncer à toutes celles en situation d'être utilisées pour l'alimentation des habitants, ou pour l'arrosage des jardins et des cultures.

Il doit même restituer pour ce dernier usage celles qu'il emploie pour les bains.

Plusieurs propriétaires du pays, désireux d'organiser un syndicat pour la surveillance des eaux qu'ils veulent affecter à des arrosages, ont fait demander le concours de l'Administration Préfectorale pour leur constitution en syndicat.

Le Préfet s'est montré absolument favorable à leur projet et d'ici à quelques jours, cette affaire sera réglée.

Les agents du Service des mines sont convaincus que le débit des sources n'est pas ce qu'il devrait être.

Le captage et la canalisation éxécutés sous la direction du Gérant de la Société ont été mal faits et prouve une ignorance complète du régime des eaux. *

Un examen auquel procèdera sur les lieux un homme des plus compétents, nous permettra de publier un rapport officiel sur cette situation.

---

* On aura une idée de la bonne foi du sieur Bézy, lorsque l'on saura que les travaux de canalisation ont été éxécutés par M. Poncelet, qui, en même temps qu'il est employé du service des mines à Oran, se charge de travaux pour les particuliers. M. Poncelet avait été recommandé à la Société par M. Bézy lui-même.

Espérons que le travail auquel vont se livrer les Agents de l'Administration donnera des indications utiles et permettra de restituer à la commune de Hammam-bou-Hadjar, les eaux qui lui appartiennent et dont *nous entendons* qu'elle ne soit pas plus longtemps privée.

N° 3278. — DU 3 JUILLET 1890

La Commune de Hammam-bou-Hadjar a donné en location à la Société fermière un petit Etablissement qui est alimenté par les sources dont la thermalité est la plus élevée.

Cet Etablissement touche presque le village. Pour éviter la concurrence des hôtels d'Hammam-bou-Hadjar, le Gérant a placé le nouvel Etablissement des bains à près d'un kilomètre du bourg et il a fait bâtir l'hôtel à côté.

En défendant aux clients de se baigner à l'ancien Etablissement, il les force à venir au nouveau, espérant en faire ainsi des clients obligatoires de l'hôtel voisin.

Vous avouerez que l'Administration n'a pas à entrer dans ces détails de boutique.

Les médecins ont reconnu pour certains cas la supériorité des sources qui alimentent l'ancien Etablissement et les malades ont le droit absolu d'éxiger des bains dans ses baignoires, d'autant plus que l'on a invoqué l'existence de celles-ci, pour ne pas porter au nombre réglementaire, celles des nouveaux thermes. Le Gérant s'obstine à fermer aux baigneurs cet Etablissement qu'il réserve aux Arabes et aux Israëlites en tenue indigène.

Son obstination..., etc.

Il n'est pas besoin de poursuivre davantage ces citations. le but du sieur Bézy ressort assez clairement.

Le Maire de la commune de Hammam-Bou-Hadjar qui aurait dû aider de tout son pouvoir une entreprise au succès de laquelle la prospérité de la région était si intimement liée, s'associa docilement au projets de son ami Bézy.

Lui aussi fit tous ses efforts pour susciter des difficultés à la Société et lui rendre hostile l'Administration.

La lecture du rapport ci-après édifiera complètement les intéressés à ce sujet.

PONTS ET CHAUSSÉES

DÉPARTEMENT D'ORAN

Service hydraulique

Oran, le 4 juillet 1890.

ÉTABLISSEMENT DE HAMMAM-BOU-HADJAR

Plainte du Maire de la commune. — Rapport de l'ingénieur ordinaire.

Par une lettre du 10 juin 1890, M. le Maire de Hammam-bou-Hadjar, se plaint de divers faits qui se passent à l'Etablissement thermal de cette commune.

Nous allons examiner successivement les points signalés en adoptant l'ordre de la lettre précitée.

1° Le Gérant de la Société thermale n'a pas payé les taxes de 1890, de l'Etablissement qu'il loue à la commune.

Notre service n'est pas intéressé dans la question, et M. le Maire n'a qu'à poursuivre, s'il le juge à propos, l'éxécution du bail devant les tribunaux.

2° La destination de cet Etablissement est changée, parceque la Société défend aux Européens de s'y baigner.

Y a-t-il dans ce fait une raison suffisante pour résilier le bail ?

L'ancien Etablissement de la commune a été loué pour 3, 6, 9 et 24 ans, conformément à la délibération du 24 juillet 1887. Or il résulte de l'instruction à laquelle a été soumisse cette location, qu'elle a été faite précisément en vue de donner aux indigènes la troisième piscine prévue à l'article 12 de la convention annexée au décret du 16 janvier 1884.

La dépêche de M. le Gouverneur Général en date du 10 janvier 1888 le prouve surabondamment.

En outre l'article 9 de cette convention n'est pas applicable dans l'espèce, puisque l'immeuble dont il s'agit n'a pas été remis à la Société.

3° M. le Maire réclame une augmentation d'eau pour la commune, en vue de faire des irrigations et des arrosages, le tout conformément à l'article 2 de la convention.

Avant de nous prononcer sur ce point, il conviendrait que M. le Maire indiquât la quantité d'eau qu'il réclame et l'usage qu'il veut en faire. L'Etat est en effet seul juge aux termes de l'article 2, de la convenance de réserver un certain volume d'eau pour la commuue.

4° Les prescriptions de l'article 3 ne sont pas entièrement observées et il conviendrait d'en tenir compte, puisqu'on procède en ce moment à la réception des travaux prévus à l'article 6.

Il n'existe en effet, que 8 baignoires au lieu de 16 prévues, un appareil à douches au lieu de 2, deux piscines au lieu de 3. Le Gérant de la Société, nous a fait remarquer que la pénurie d'eau était seule cause du retard apporté à l'entière exécution des charges de la concession et que la Société allait proposer le captage de nouvelles sources, pour donner satisfaction aux prescriptions de l'article 3.

Dans ces conditions, nous ne croyons pas devoir proproser l'application rigoureuse de l'article 21, la loyale exécution de la convention ne nous paraissant pas douteuse, et le chiffre de quatre vingt mille francs porté à l'article 2 étant d'ailleurs largement dépassé.

5° M. le maire se plaint que l'eau gazeuse pour la consommation locale doive être payée contrairement à l'article 11.

Il paraît y avoir là une confusion. L'article 11 dit en effet « l'usage de l'eau pour la boisson sur place sera gratuit pour toute personne hospitalisée ou non. » En outre, il prévoit une perception maximum de 0.10 cent. pour l'embouteillage d'un litre d'eau pour la consommation locale.

Nous ajouterons qu'un arrêté préfectoral du 28 juin 1889 a réparti les sources gazeuses et ferrugineuses entre la commune et la société de Hammam-bou-Hadjar. La Commune a donc une certaine quantité d'eau gazeuze. La Société va en outre installer un robinet près du bâtiment où l'on recueille ces sources.

6° M. le Maire demande si les articles 16 et 19 sont observés.

Nous ne savons si conformément à l'article 16, le concessionnaire a adressé à M. le Préfet, le tarif détaillé du prix correspondant aux modes divers suivant lesquels les eaux sont administrées.

Quant à l'article 19, il n'existe pas à notre connaissance d'autorisation d'introduire une certaine quantité d'acide carbonique. La Société devrait se conformer aux prescriptions de l'article 19.

7° M. le Maire réclame les créations prévues à l'article 20.

Ces créations existent ; des bains et douches sont mis à la disposition de l'administration sans indemnité.

Deux malades de cette catégorie sont actuellement en traitement à l'Etablissement.

Enfin, c'est à notre avis, le but de la lettre ci-jointe, M. le maire demande le remplacement du gérant.

Nous ne trouvons pas que les faits signalés nécessitent une mesure de cette nature. Dans tous les cas, cette question de personne ne peut intéresser notre service.

En résumé sur les diverses plaintes signalées, celles visant les articles 3 et 19 sont seules fondées dans une certaine mesure et il y aurait lieu d'appeler l'attention de la Société sur ces divers points. La nomination d'un Médecin-inspecteur à qui incomberaient les attributions définies à l'article 14 de la Convention, aurait peut-être pour résultat de faire disparaître les plaintes ci-dessus.

Nous proposons la création de ce poste qui est d'ailleurs prévu dans la convention.

L'ingénieur ordinaire,

Signé : LELOUTRE.

Comme on vient de le voir, aucune de ces plaintes, n'avait même l'excuse d'être motivée par un semblant d'intérêt de la commune ; toutes étaient de pures chicanes d'Allemand, dont, comme je l'ai dit, le seul mobile était de créer des complications.

Non seulement, l'Administration était obligée de faire justice de leur mauvaise foi et des motifs peu avouables qui les avait dictés, mais elle devait reconnaître que la Société *avait loyalement exécuté la convention* qui la liait vis-à-vis de l'Etat. La lecture de ce document établit la complicité du sieur Boyreau et sa parfaite entente avec le sieur Bézy, pour la poursuite de l'œuvre de destruction et de ruine entreprise par le Conseiller général.

Malheureusement, les agissements du sieur Boyreau ne devaient pas se borner à cette manœuvre et sa complicité allait permettre au sieur Bézy de ruiner complètement la Société.

Le bail de l'ancien Etablissement, consenti par la commune de Hammam-bou-Hadjar à la Société, était fait pour une durée de 3, 6, 9 et 24 années, avec la faculté de résiliation pour la commune à l'expiration de chacune de ces périodes, moyennant un avertissement donné une année d'avance.

Le 15 Août 1890, le dit M. Boyreau signifiait par huissier à la Société, la résiliation de ce bail à partir du 1er Octobre 1891.

A la suite de cette signification, le Conseil de la Société tout entier, se rendit auprès de M. le Préfet d'Oran.

Il lui exposa que la commune d'Hammam-bou-Hadjar n'avait aucun intérêt à cette résiliation, qu'elle était au contraire un acte de mauvaise administration puisqu'elle allait la priver d'un revenu annuel de 250 francs.

En effet, l'article 2 du cahier des charges lui interdisant de faire aucun commerce aussi bien avec l'eau réservée qu'avec celle des sources appartenant à l'Etat, elle ne pouvait espérer pouvoir continuer l'exploitation de l'Etablissement.

En outre l'aménagement spécial du bâtiment le rendant impropre à tout autre usage qu'à celui d'Etablissement de Bains, elle ne pouvait compter trouver un locataire, au prix de 250 francs que payait la Société.

Le Conseil pria donc M. le Préfet, de vouloir bien faire ces observations à la municipalité de Hammam-bou-Hadjar et user de son autorité pour la faire revenir sur sa détermination.

L'intervention du Préfet n'eut aucun résultat, comme il resulte de la lettre suivante :

PRÉFECTURE D'ORAN
4e BUREAU
—
No 7829

Oran, le 16 Octobre 1890.

A MONSIEUR GIRAUD, PRÉSIDENT DU CONSEIL D'ADMINISTRATION DE LA SOCIÉTÉ DES EAUX THERMALES DE HAMMAM-BOU-HADJAR.

Vous êtes venu m'entretenir dernièrement des effets de la dénonciation par la municipalité d'Hammam-bou-Hadjar, du bail du local communal affecté actuellement aux bains des Indigènes.

J'ai fait part de votre démarche à M. le Maire de cette localité, en le priant de saisir de la question son Conseil Municipal et en insistant d'ailleurs pour qu'une solution favorable fût réservée à la demande dont vous vous êtes fait l'interprète.

M. le Maire de Hammam-bou-Hadjar vient de m'adresser en réponse une délibération en date du 5 Octobre courant, aux termes de laquelle l'assemblée municipale refuse formellement la proposition qui lui a été faite d'une prorogation de bail.

En présence de ce vote, il ne me reste plus, M. le Président, qu'à vous prier de vouloir bien faire prendre immédiatement par la Société des Eaux Thermales, les dispositions nécessaires, en vue d'assurer les prescriptions de l'article 3 de la convention du 22 Novembre 1882 qui imposent aux concessionnaires l'obligation de faire établir sans aucun retard, à ses frais, une troisième piscine destinée au service des Indigènes.

J'ai adressé à ce sujet une mise en demeure à M. Trombert par dépêche du 3 Septembre dernier no 6505 et je vous serai très obligé de vouloir bien activer la production du projet de construction de la troisième piscine, qu'il est tenu de soumettre à l'approbation de l'Administration supérieure.

Recevez, Monsieur le Président, l'assurance de ma considération la plus distinguée.

Signé : le Préfet, DUNAIGRE.

Il était donc urgent de prendre les mesures nécessaires pour déjouer les projets des sieurs Bézy et Boyreau.

Aussitôt après la mise en demeure du Préfet, je lui adressai la demande ci-après :

Hammam-bou-Hadjar, le 6 Octobre 1890.

Monsieur le Préfet,

Le soussigné, Gérant de la Société des Eaux thermales de Hammam-bou-Hadjar, a l'honneur de vous exposer :

Qu'au point 1 du plan ci-joint, jaillit une source thermale très abondante et d'une température élevée, qui n'a pas été comprise dans le périmètre de protection par le décret d'intérêt public du 24 janvier 1879.

Que cette source jouit d'une grande réputation, à cause des cures qu'elle a opérées.

Qu'il est d'intérêt public que les malades puissent en utiliser les vertus curatives.

Il vous prie donc de vouloir bien conformément aux dispositions de la loi du 14 juillet 1856 étendre le périmètre de protection suivant le tracé indiqué au plan ci-joint par un liseré bleu, de manière à ce qu'elle soit englobée dans ce périmètre et que notre Société puisse faire les travaux nécessaires pour la livrer à l'exploitation.

Il vous prie de vouloir bien agréer, monsieur le Préfet, l'expression de ses sentiments dévoués et respectueux.

Signé : Le Gérant, TROMBERT.

A cette demande était joint le mémoire suivant conformément aux prescriptions de la Loi.

MÉMOIRE

La source dont la Société des Eaux thermales et minérales de Hammam-bou-Hadjar demande la concession, est désignée dans les rapports faits sur les sources thermales de Hammam-bou-Hadjar, par M. le docteur Sandras en 1873 et par M. l'ingénieur de Legandin en 1876 sous le nom de Grande source thermale.

Elle est en effet la plus importante de tout le groupe, par la richesse de sa minéralisation, par sa thermalité et par son débit bien supérieur à ceux des autres sources de la concession.

Déjà exploitée sous la domination Romaine, ainsi que le prouvent les ruines de l'établissement thermal mises au jour par des fouilles récentes, elle jouit actuellement d'une grande réputation parmi les Européens et les Indigènes Musulmans et Israélites, qui viennent de tous les points de la province y chercher la guérison.

C'est à elle seule que les eaux de Hammam-bou-Hadjar doivent leur réputation, car elle était seule exploitée jusqu'à la création du nouvel établissement.

Il résulte du reste de diverses observations, qu'elle possède une spécialité d'action sur certains groupes de maladies.

Bien qu'elle émerge sur une parcelle portant le nº 106 bis appartenant à la commune de Hammam-bou-Hadjar, il ne peut être mis en doute qu'elle prend naissance sur les terrains de la concession des eaux et le plus sommaire examen, indique plusieurs points où elle peut être captée. Mais il est à craindre que ce travail n'amène des perturbations dans le débit des sources. Il serait certainement préférable de la canaliser à son point d'émergence.

La commune de Hammam-bou-Hadjar, ayant signifié à la Société des eaux, la résiliation à partir du 1er octobre prochain du bail qui lui avait été consenti du bâtiment dit Ancien établissement, la Société va se trouver dans l'alternative de courir le risque de ce captage, ou de priver les malades des bienfaits de cette source.

En effet la commune de Hammam-bou-Hadjar ne peut en continuer l'exploitation, l'article 2 du cahier des charges annexé au Décret de concession des eaux le lui interdit formellement : « L'eau réservée, dit cet article, comme toute autre appartenant à l'Etat ne pouvant en aucun cas, faire de la part des habitants. l'objet d'aucun commerce.»

Il est donc urgent de mettre fin à cette situation qui sera préjudiciable aux malades et à l'établissement qui est la propriété de l'Etat.

Du reste le nombre toujours croissant des baigneurs, nombre qui est actuellement de quarante par jour, la quantité d'eau relativement importante consommée pour chaque bain (700 litres environ), imposent une augmentation du volume d'eau qui alimente l'établissement, qui n'est que de 36 litres à la minute. La simple logique indique de faire cette augmentation avec l'eau de cette source, dont les vertus curatives, ont été constatées par de si nombreuses et si merveilleuses cures.

Tels sont les motifs qui déterminent la Société à en demander la concession.

Cette demande fut suivie de l'envoi du projet de construction d'un établissement spécial aux Indigènes et j'insistai de nouveau dans la lettre suivante sur l'urgence de l'approbation de ce plan.

Hammam-bou-Hadjar, le 26 décembre 1890.

MONSIEUR LE PRÉFET,

Conformément au désir que vous m'avez exprimé dans votre lettre du 16 octobre dernier, nous avons l'honneur de vous adresser ci-joint le projet de construction d'un établissement thermal destiné aux Indigènes, afin d'assurer les prescriptions de l'article 3 de la convention du 29 novembre 1882.

Cet établissement sera alimenté par la source dite Grande Source des vieux Bains, dont nous avons demandé par lettre du 6 octobre dernier l'autorisation de faire usage.

Nous vous prions donc, Monsieur le Préfet, de vouloir bien donner satisfaction le plus tôt possible à cette demande, afin que nous puissions construire cet établissement, avant l'expiration du bail de l'ancien établissement que nous avait consenti la commune de Hamman-bou-Hadjar.

L'emploi de cette source pour l'alimentation de l'établissement s'impose. En effet, outre qu'il nous serait impossible de distraire la moindre quantité des sources qui alimentent l'établissement neuf et de celles qui sont destinées à l'alimenter, il est de toute nécessité, pour satisfaire aux habitudes balnéaires des Indigènes d'alimenter leurs piscines d'eau à une température élevée et en une grande quantité.

La source des vieux bains, est actuellement la seule de tout le groupe, qui réunisse ces deux conditions.

Nous vous prions d'agréer, Monsieur le Préfet, l'expression de nos sentiments respectueux et dévoués.

Le Gérant : A. TROMBERT.

Le plan de cet établissement comportait deux piscines indépendantes, l'une pour les hommes, l'autre pour les femmes. Toutes deux étaient précédées d'un vestiaire et d'une cour fermée. Il comprenait en outre un logement destiné au personnel.

Pour enlever à l'Administration tout prétexte à atermoiement et à observations qui auraient eu pour conséquence, le renvoi du dossier d'un service à l'autre, j'avais donné aux piscines les mêmes dimensions que celles de l'ancien établissement, me conformant ainsi strictement aux prescriptions de l'article 12 du cahier des charges.

L'Administration n'avait donc qu'à vérifier ces dimensions et à approuver purement et simplement le projet.

Elle ne pouvait non plus faire la moindre observation, au sujet de l'alimentation de ce nouvel établissement au moyen de la source qui alimentait l'ancien, ni se retrancher derrière la monstrueuse erreur qui avait fait omettre cette source, dans le tracé du périmètre de la concession.

Elle-même, en effet, avait reconnu l'insuffisance des sources utilisables.

Avant d'approuver les plans qui lui avaient été soumis pour la construction de l'Etablissement thermal, M. le Gouverneur général *avait exigé des concessionnaires l'engagement d'amener, si cela était nécessaire, tout ou partie de cette source à l'Etablissement.*

Voici la lettre dans laquelle cet engagement était demandé :

GOUVERNEMENT GÉNÉRAL
DE L'ALGÉRIE

N° 152

Alger, le 10 Janvier 1888.

LE GOUVERNEUR GÉNÉRAL DE L'ALGÉRIE
A MONSIEUR LE PRÉFET D'ORAN.

Vous m'avez envoyé le 24 Décembre dernier, sous le n° 9036, après en avoir complété l'instruction dans le sens indiqué par ma dépêche du 21 Juin précédent, le projet de l'Etablissement thermal que MM. Babuty et Trombert se proposent de construire à Hammam-bou-Hadjar, en exécution de la convention annexée au décret du 16 Janvier 1884.

Pour satisfaire..., etc.

...Enfin, ce qui concerne spécialement les dispositions du projet relatives au captage et à l'aménagement des sources thermales, MM. les Ingénieurs des mines proposent de faire les réserves suivantes :

1° Les sources chaudes n°s 1, 2, 3, 4, 5, 6 et 7 étant insuffisantes pour assurer largement, comme il convient, l'alimentation de l'Etablissement projeté, les concessionnaires devront amener sur ce point d'autres sources chaudes convenablement choisies et, s'il le faut, une partie du débit de la source qui alimente l'ancien Etablissement thermal, remplaçant la troisième piscine destinée aux indigènes.

2° Si plus tard..., etc.

Je vous prie de vouloir bien notifier cette décision aux intéressés, ainsi qu'à MM. les Ingénieurs des Ponts et chaussées et des mines.

Ci-joint le projet approuvé.

Veuillez agréer, etc. *Signé :* TIRMAN.

Le délai de dix mois que la Société avait devant elle pour construire les piscines destinées aux indigènes était plus que suffisant, le bâtiment dont elle avait soumis le plan à l'approbation de l'Administration étant de proportions restreintes.

L'approbation sans laquelle, aux termes de l'article 5 du cahier des charges, la Société ne pouvait commencer les travaux, ne devait pas se faire attendre longtemps.

L'Administration connaissait l'urgence de cette approbation ; elle était en outre avertie par les menées des sieurs Bézy et Boyreau qu'on voulait se servir d'elle pour ruiner une entreprise à laquelle elle devait aide et protection.

Les prévisions de la Société devaient être trompées.

Au lieu d'approuver le projet qui lui était soumis, l'Administration l'enfouit dans ses cartons et mit ainsi la Société dans l'impossibilité de sortir de cette situation.

La date à laquelle le bâtiment appartenant à la commune de Hammam-bou-Hadjar devait être évacué, arriva sans que j'aie pu obtenir l'approbation du projet de construction de l'Etablissement spécial aux indigènes, ni la concession de la grande source thermale, ni même l'autorisation de capter la source n° 2. Cette dernière demande lui avait cependant été adressée le 22 Août 1890.

Le 1er Octobre 1891, M. Fournier, préfet d'Oran, autorisait par un télégramme portant le n° 683, la commune de Hammam-bou-Hadjar à exploiter l'ancien Etablissement.

S'il était possible de conserver le moindre doute sur l'instigateur de cette décision, l'article triomphant qui paraissait dans le journal de M. Bézy le 27 Septembre, c'est-à-dire *deux jours avant l'envoi du télégramme préfectoral,* suffirait à le lever.

N° 3727. — *PETIT FANAL* DU 27 SEPTEMBRE 1891

HAMMAM-BOU-HADJAR

Les indigènes de cette région avaient manifesté quelque inquiétude à propos d'une modification qui se produira le 1er Octobre dans le service des bains de Hammam-bou-Hadjar.

La Commune rentre en possession, à cette date, de l'ancien Etablissement qu'elle avait loué à la Société concessionnaire d'une partie des eaux thermales.

La source alimentant cet Etablissement ne fait pas partie de la concession.

Or, la Société n'a pas encore construit de piscine spéciale pour les indigènes dans les nouveaux thermes. Les Arabes se demandaient s'ils pourraient continuer à jouir des eaux de l'Etablissement qui fait retour à la Commune, auxquelles ils attribuent plus de vertu qu'aux autres.

Le Préfet vient de décider que la Commune de Hammam-bou-Hadjar pourrait continuer à donner des bains *aux indigènes et aux habitants du village*, ainsi que cela avait lieu avant la location qui prend fin le 1er Octobre.

Les Arabes et les colons apprendront avec plaisir une décision sur laquelle il n'y avait aucun doute à concevoir.

Aussitôt après avoir lu cet article, je me rendis en toute hâte auprès de M. le Préfet pour tenter de le faire revenir sur la décision qu'annonçait d'avance le journal du sieur Bézy.

M. Fournier m'opposa un refus formel. Comme je lui faisais respectueusement observer que c'était l'arrêt de mort de l'entreprise qu'il venait de signer, il me répondit qu'il avait l'habitude des responsabilités.

Forte de l'autorisation du Préfet, la commune se mit à exploiter l'ancien Etablissement directement d'abord, puis le Conseil Municipal prit la délibération suivante pour le mettre en location.

L'an mil-huit-cent-quatre-vingt-onze et le huit Novembre, à quatre heures du soir, le Conseil Municipal de Hammam-bou-Hadjar assemblé au lieu ordinaire de ses séances, sous la présidence de M. Boyrau, ensuite de la convocation faite par M. le Maire de la dite commune, le 4 novembre 1891.

Présents : MM Boyrau, Lafargue, Chabre, Franques, Etienne Clodomir, Toppin Raoul, Roux Scipion, El. Medjadi. Bouguedra et Miliani excusés.

Il a été procédé immédiatement, par voie du scrutin, à l'élection d'un secrétaire pris dans le Conseil. M. Franques a été désigné pour remplir ces fonctions qu'il a acceptées. M. le président expose que par délibération du 8 juin 1890, le Conseil a résolu le bail qui avait été consenti à M. Trombert, représentant de la Société des Eaux thermales pour le petit Etablissement et le terrain qui en dépend et appartenant à la commune.

On est donc revenu à l'état des choses antérieures au 1er octobre 1888.

De plus, suivant télégramme n° 683 en date du 1er octobre 1891. M. le Préfet d'Oran a fait connaître que jusqu'à nouvel ordre les indigènes pouvaient prendre des bains dans l'ancien Etablissement, comme précédemment.

En considération des termes contenus dans le télégramme précité, dans la crainte d'engager la commune dans une mauvaise affaire, j'ai hésité de louer le dit Etablissement mensuellement, je me suis borné simplement de le louer à la journée. mais ce mode de location n'a donné que des résultats fictifs. c'est-à-dire qu'en raison de la saison hivernale on trouve rarement des locataires, si ce n'est par intervalle.

D'un autre côté, il est impossible de mettre un Gérant au compte de la commune, car ce moyen de procéder, au lieu d'être un apport pour la Caisse communale serait une charge.

Cependant bon nombre d'indigènes seraient preneurs dans les conditions que la commune loue cet Etablissement pour une époque indéterminée, c'est-à-dire tant qu'elle serait autorisée à y donner des bains et sous la réserve expresse que le bail serait résiliable dès le premier avertissement de l'autorité locale, sans que le locataire puisse prétendre à aucune indemnité.

En conséquence je vous propose de délibérer séance tenante sur le meilleur mode de location.

Le Conseil, ouï l'exposé de son Président, considérant la légitimité des moyens proposés par M. le Maire pour augmenter le revenu de la commune, à l'unanimité opte pour la location de l'ancien Etablissement thermal aux conditions ci-dessus mentionnées.

A cet effet autorise M. le Maire à passer le bail et s'en rapporte entièrement à sa sage et habile administration pour faire au mieux des intérêts de la commune.

Après lecture du présent procès-verbal les membres présents ont signé.

Ainsi fait et délibéré à Hammam-bou-Hadjar, les jours et mois que ci-dessus.

L'Administration ne daigna pas donner le moindre prétexte à cette violation du cahier des charges et la lettre suivante que j'adressai à M. le Préfet resta sans réponse.

Hammam-bou-Hadjar, le 9 Novembre 1891.

Monsieur le Préfet,

J'ai l'honneur de porter à votre connaissance, que la commune de Hammam-bou-Hadjar, donne des bains dans l'ancien Etablissement, non-seulement aux Arabes, mais encore aux Israëlites.

Cette atteinte portée au monopole de la Société, habilement colportée et commentée par une certaine presse, lui porte le plus grand préjudice en ce moment où elle est obligée de faire appel au crédit.

Je vous prie donc, Monsieur le Préfet, de vouloir bien donner des ordres pour faire cesser cette exploitation clandestine.

Veuillez agréer, Monsieur le Préfet, l'expression de mes sentiments respectueux et dévoués.

Le Gérant : A. Trombert.

Les nombreuses démarches que je fis postérieurement furent inutiles et la concurrence continua, je dus me borner à la faire constater par les deux procès-verbaux suivants :

L'an mil huit cent quatre vingt-douze, le douze février à deux heures du soir, à la requête de la Société des Eaux thermales et minérales de Hammam-bou-Hadjar, poursuites et diligences de M. Trombert, directeur-gérant de la dite Société, demeurant à Hammam-bou-Hadjar, domicile élu en sa demeure.

Je, Hippolyte Baix, huissier près les Tribunaux d'Oran, demeurant à Aïn-el-Arba, soussigné, me suis transporté à Hammam-bou-Hadjar dans les bâtiments ayant formé l'ancien Etablissement des bains, à l'effet de constater qu'il y était donné des bains moyennant rétribution.

Me trouvant sur les dits lieux, j'ai remarqué plusieurs personnes, parmi lesquelles j'ai interpellé les suivantes :

1° Le sieur Salomon Elbaz, négociant, demeurant à Er-Bahel, lequel m'a déclaré qu'il venait de prendre un bain dans le dit Etablissement moyennant une rétribution de 0.50 centimes qu'il avait payée au sieur Ahmed-ben-Chenine. 2° Le sieur Salomon Corcia commerçant à Er-Rahel, lequel m'a fait la même déclaration.

Ces mêmes personnes ont ajouté qu'elles avaient déjà pris plusieurs bains antérieurement à celui-ci dans les mêmes conditions.

3° Le sieur Abraham Zaoui commerçant demeurant à Aïn-el-Arba, lequel m'a déclaré qu'il se disposait à prendre un bain sur l'autorisation du sieur Ahmed-ben-Chenine.

4° Les époux Joseph Zaoui et Messaouda Teboul et leur fille Diamantine Zaoui, lesquels m'ont fait la même déclaration que les précédents.

J'ai pénétré dans l'intérieur de cet Etablissement et j'ai trouvé le sieur Amed-ben-Djilloud, demeurant à Sidi-Bel-Abbès, lequel m'a déclaré qu'il occupait avec sa famille deux grandes chambres et une petite chambre servant de cuisine dans le dit Etablissement pour suivre un traitement, moyennant une rétribution de deux francs cinquante centimes par jour qu'il payait au sieur Ahmed-ben-Chenine.

Je n'ai pas pu pénétrer dans la piscine des femmes, ni dans celle des hommes, par suite de la présence dans ces piscines de plusieurs baigneuses (femmes arabes et Israélites) qui prenaient un bain.

Sur mon interpellation le sieur Admed-ben-Chenine demeurant à Hammam-bou-Hadjar m'a déclaré que M. Boyreau, maire de Hammam-bou-Hadjar l'avait autorisé, il y avait un mois et demi de cela, à s'installer aux vieux bains pour en tirer tel profit qu'il pourrait, moyennant une location de dix-huit cent francs par an et sous conditions qu'il n'accepterait comme clientèle de l'Etablissement, que des indigènes et des Israélites à l'exception de l'élément européen.

Dont procès-verbal que j'ai dressé pour servir et valoir à ce que de droit. Coût douze francs cinquante cinq centimes.

Signé : H. Baix.

Enregistré à Aïn-Témouchent, le 27 Février 1892, folio 61, N° 16. Reçu un franc soixante cinq centimes.

Signé : L. Cachard

L'an mil huit cent quatre-vingt douze, ce dix-sept juin. A la requête de la Société des Eaux thermales et minérales de Hammam-bou-Hadjar, poursuites et diligences de M. Trombert, gérant de la Société, demeurant au siège de la Société, à Hammam-bou-Hadjar, domicile élu en sa demeure.

Je, Hippolyte Baix, huissier près les Tribunaux d'Oran, demeuran à Aïn-el-Arba, soussigné, me suis transporté sur le territoire de la commune d'Hammam-bou-Hadjar au lieu dit les Vieux-Bains, où étant, j'ai pénétré dans le dit établissement des Vieux-Bains et ai fait les constatations ci-après.

A mon entrée dans l'Etablissement, j'ai constaté la présence des personnes suivantes.

1° Ménahim Bénoliel, demeurant à Hammam-bou-Hadjar, et sa famille.

2° Salomon Minerand, demeurant à Lourmel, et sa famille.

3° David Cohen, demeurant à Hammam-bou-Hadjar.

4° Jacob Chiche, demeurant, à Oran.

5° Joseph Albertos, demeurant à Hammam-bou-Hadjar.

6° David Messaoud Criat, demeurant à Sidi-Bel-Abbès, et sa famille.

7° Emimoun Harconty, demeurant à Hammam-bou-Hadjar.

8° Mustapha-ben-Aissa, d'Oran.

8° *bis* Tay-ben-Mohamed, d'Hammam-bou-Hadjar.

9° Amed-Oul-Oued, cafetier, à Hammam-bou-Hadjar.

10° Beloufa-ben-Ahmed, demeurant à Sidi-Bel-Abbès.

11° Cakhom-oued-Cadour Metabahidi, demeurant à Aïn-Temouchent.

12° Mohamed-ben-Amari, demeurant à Oran.

Dans la deuxième piscine réservée aux Arabes, se trouvaient de jeunes Juives dont je n'ai pu constater l'identité, toutefois j'ai reconnu parmi elles Rachel-ben-Assag, épouse de Salomon-ben-Assag, d'Aïn-Temouchent.

Toutes ces personnes m'ont déclaré être venues dans cet établissement pour y prendre des bains et qu'elles en avaient déjà pris moyennant une rétribution variant entre fr. 0.50 et fr. 0.75, qu'ils payaient au maître de l'établissement.

Continuant mes investigations, j'ai constaté qu'une chambre avec cuisine était louée à un sieur Chouraqui Isaac, de Tlemcen, qui l'occupe avec sa famille. D'après ses déclarations il payerait un franc par jour de location, fr. 0.50 par bain et par personne.

Une deuxième chambre est occupée par le sieur David-Criah, susnommé, moyennant un franc par jour de location et fr. 0.50 par bain et par personne.

La première piscine était occupée par des femmes juives qui se baignaient et que je n'ai pu voir.

Sur notre interpellation le sieur El-Miloud-Ben-Daha, garçon dans le dit établissement et au service du sieur Ben-Chenine, nous a déclaré que son patron exploitait l'établissement en vertu d'une autorisation émanant de la Mairie de Hammam-bou-Hadjar, moyennant un versement mensuel de cent-cinquante francs qu'il payait à la commune de Hammam-bou-Hadjar.

De tout ce que dessus, j'ai dressé le présent procès-verbal pour servir à valoir ce que de droit, au dit sieur Trombert, requérant.

Coût douze francs cinquante-cinq centimes.

Signé : Baix.

Enregistré à Témouchent, le 22 juin 1892, folio 1, case 8. Reçu un franc soixante-cinq centimes, décimes compris.

Signé : L. Cachard.

Les conséquences de cette concurrence ne tardèrent pas à se produire.

Le nombre des bains et douches qui était en 1891 de cinq mille sept cent-huit, tomba en 1892 à trois mille trois cent-dix-huit.

C'est en vain que je signalai cette situation au Préfet d'Oran dans la lettre suivante :

Hammam-bou-Hadjar, le 3 janvier 1892.

Monsieur le Préfet,

Conformément aux prescriptions de l'article 16 du cahier des charges, j'ai l'honneur de vous informer que notre Etablissement a été fréquenté par trois cents baigneurs environ, auxquels il a été donné pendant l'année 1892 trois mille trois cent dix-huit bains et douches.

Je vous prie respectueusement de vouloir bien observer que par suite de la concurrence que fait à notre Société la commune de Hammam-bou-Hadjar, avec l'autorisation de l'Administration, le chiffre de bains donnés est inférieur de deux mille trois cent quatre-vingt-dix à celui de l'année dernière.

Il en résulte une diminution dans les recettes de près de cinq mille francs.

Agréez, je vous prie, Monsieur le Préfet, l'expression de mes sentiments respectueux.

Signé : Le Gérant. A. Trombert.

Ces conséquences devaient être bien plus désastreuses que je ne le signalais à monsieur le Préfet.

La Société avait dû pour achever de solder ses constructions, dont le coût avait dépassé les devis, contracter un emprunt de soixante-dix mille francs auprès d'un sieur Valérian et d'une dame Crozes.

Pour rembourser cet emprunt, elle avait décidé de faire une nouvelle émission d'actions.

La concurrence que lui faisait la commune de Hammam-bou-Hadjar avec l'autorisation de l'Administration, accrédita l'opinion qui avait été mise en circulation par le sieur Bézy et les spéculateurs intéressés à la ruine de la Société, qu'elle n'avait pas le monopole de l'exploitation des Eaux.

Comment supposer un seul instant, que si la Société avait droit à ce monopole, l'Administration n'eut pas fait le nécessaire pour mettre fin au plus vite à cette concurrence, qui, faite sous son autorisation, engageait si gravement sa responsabilité.

Comment admettre que cet état de choses si ruineux pour l'entreprise, durant depuis près de deux ans fut le résultat pur et simple de l'indifférence ou de la négligence de l'Administration, alors que d'un trait de plume elle eut pu y mettre fin.

Les notabilités financières qui avaient patronné l'entreprise et celles qui étaient à la tête de la Société, jugeant avec raison que sans ce monopole la concession n'avait aucune valeur, lui refusèrent leur concours et l'émission projetée échoua complètement.

Il n'est pas besoin d'une grande expérience des entreprises de stations thermales, pour savoir qu'elles ne peuvent donner des résultats qu'après des années de sacrifices.

Cependant bien que les débuts de celle-ci dans un pays neuf, dussent être plus difficiles et que l'entreprise se fut imposé des sacrifices énormes, telle était la valeur des Eaux et leur réputation, que la Société aurait pu faire face à toutes ses charges, si la commune de Hammam-bou-Hadjar ne l'avait pas privée d'une partie importante de ses ressources.

En effet le total de ses charges et de ses dépenses pendant l'année 1892 s'élevait à quatorze mille deux cent cinquante-trois francs quatre-vingt-dix centimes et celui de ses recettes à sept mille neuf cent quatre-vingt-douze francs vingt centimes.

Si l'on ajoute à ce dernier chiffre, le prix des bains et des locations de chambres encaissés par la commune de Hammam-bou-Hadjar ou par son fermier, l'on verra que la Société aurait pu équilibrer son budget.

Par suite de cette diminution dans ses recettes, elle se trouva dans l'impossibilité de solder les intérêts de l'emprunt de 70,000 fr. qu'elle avait contracté et fut poursuivie en expropriation par M. Valérian et Madame Crozes.

Si l'administration restait indifférente à la ruine d'une entreprise d'intérêt public, à laquelle elle devait aide et protection, elle se montrait par contre pleine de sollicitude pour les intérêts de celui qui en était le machinateur.

Ce dernier s'était mis en quête de bailleurs de fonds, indispensables pour l'exécution de la dernière partie de son programme, c'est-à-dire au rachat à vil prix des Etablissements dont il avait amené l'expropriation.

Mais la campagne qu'il avait menée pour en arriver là, avait produit un effet qu'il n'avait pas prévu. Les spéculateurs auxquels il avait proposé de s'associer à ses projets. amenés à douter eux-mêmes de la valeur de l'affaire, se montraient peu empressés de tenir leurs promesses.

M. Bézy s'alarma de la situation qui allait lui être faite par l'article 555 du Code civil, si la Concession passait en d'autres mains que celles des spéculateurs en question.

Il avait en effet construit une villa, sur les terrains qui lui avaient été loués par la Société et ces terrains allaient aussi être mis en vente, sur les poursuites du sieur Valérian et de la dame Crozes.

Il alla porter ses doléances dans les bureaux de l'Administration et à la suite de cette audacieuse démarche, un agent vint me communiquer la singulière lettre suivante :

GOUVERNEMENT GÉNÉRAL
DE L'ALGÉRIE
Quatrième bureau
—
N° 5465

Alger, le 27 mai 1891.

LE GOUVERNEUR GÉNÉRAL DE L'ALGÉRIE

A MONSIEUR LE PRÉFET D'ORAN.

Monsieur Bézy, Conseiller Général de votre département a exposé dans mes bureaux, la situation dans laquelle il se trouve à raison des constructions qu'il a fait édifier sur une parcelle de terrains faisant partie des dépendances de l'Etablissement thermal d'Hammam-bou-Hadjar.

La Société des Eaux de Hammam-bou-Hadjar avait loué ce terrain à M. Bézy en lui promettant de le lui vendre, le jour où, suivant un projet alors à l'étude, elle aurait obtenu l'autorisation d'aliéner, pour en affecter le prix au développement de l'Etablissement thermal, une partie des terrains domainiaux dont elle a la jouissance pour 99 ans.

Ce projet ayant été depuis ajourné à la requête de la Société elle-même, M. Bézy se trouve menacé de perdre le fruit des dépenses qu'il a faites sur la parcelle en question.

Dans cette situation, il demande que des dispositions spéciales soient prises, à l'effet de lui permettre de devenir propriétaire de ce terrain.

Pour que cette demande puisse avoir une suite, il faut évidemment qu'un accord intervienne entre M. Bézy et la Société concessionnaire de la jouissance du terrain.

Il semble d'ailleurs que dans ce cas et si la demande de M. Bézy paraissait justifiée réellement par l'importance des constructions qu'il a fait édifier, la solution la plus simple serait que la Société renonçat en ce qui concerne la parcelle dont il s'agit, au bénéfice de la concession et rétrocédât la parcelle à l'Etat qui la vendrait à M. Bézy.

Quoiqu'il en soit, je vous prie de vouloir bien faire instruire cette affaire et me soumettre ensuite avec le rapport du service des domaines, ces propositions motivées sur la solution qu'elle peut comporter.

Veuillez agréer.....

Signé : DURIEU.

L'on comprendra ma stupéfaction à la lecture de ce document qui, outre qu'il proposait à la Société, d'abandonner une partie de son domaine, à celui qui machinait sa ruine, lui annonçait que sa demande d'autorisation d'aliéner ses terrains avait été retirée.

Qui avait fait à mon insu cette démarche qui constituait un véritable faux, puisque moi seul aux termes des statuts, avais la signature sociale.

Un éclaircissement sur ce point serait certainement intéressant ; je n'ai jamais pu l'obtenir.

Aussitôt j'adressai à M. le Gouverneur la lettre suivante, qui, cela va sans dire, resta également sans réponse.

Hammam-bou-Hadjar, le 9 Septembre 1891.

A MONSIEUR LE GOUVERNEUR,

Le soussigné, Gérant de la Société des Eaux thermales et minérales de Hammam-bou-Hadjar, a l'honneur de vous exposer.

Que le 14 Mars 1890, il vous a été adressé, au nom de la Société, une demande, en vue d'obtenir la propriété définitive d'une partie des terres domaniales dont la jouissance lui a été concédée pour 99 ans.

Qu'il a lu avec étonnement dans une dépêche que vous avez adressée à Monsieur le Préfet d'Oran, le 17 Mai dernier, sous le nº 5465 et dont communication lui a été donnée, que la solution de cette affaire a été ajournée à la requête de la Société elle-même.

Qu'il n'a formé aucune demande dans ce sens, ni donné mandat à personne de la former.

Que la Société attend au contraire avec impatience, que vous veuillez bien donner une suite favorable à sa requête, pour pouvoir réaliser diverses améliorations dans l'Etablissement thermal.

Il vous prie donc, Monsieur le Gouverneur, de vouloir bien accueillir favorablement cette demande.

Il a l'honneur d'être, monsieur le Gouverneur, votre très obéissant serviteur.

Signé : A. TROMBERT.

Sur les poursuites de M. Valérian et de Madame Crozes, l'adjudication eut lieu devant le Tribunal d'Oran, le 13 Avril 1893 et fut tranchée au profit de M. André, Conseiller-général et propriétaire à Sidi-Bel-Abbès, mandataire d'un groupe réuni par le sieur Bézy, pour le prix de 80,000 fr. Mais une surenchère fut mise par le sieur Valérian, qui resta adjudicataire, moyennant 101,000 fr., de la concession et de ses immeubles, pour lesquels il avait été dépensé plus de 400,000 fr.

Aucune des Sociétés d'Eaux, qui avaient étudié l'affaire ne se présenta pour enchérir.

Le prix dérisoire de l'adjudication et l'abstention de ces sociétés sont faciles à expliquer.

L'Administration ne s'était en effet pas contentée, de contester le monopole de la Société en autorisant une concurrence à la porte de ses Etablissements ; elle était intervenue quelques jours avant l'adjudication pour contester la validité de l'hypothèque, conférée par la Société à M. Valérian et à la dame Crozes et par suite le droit de faire vendre les Etablissements.

Pour que cette opposition, si elle était fondée, put arrêter la vente, elle aurait dû être faite avant le 15 Septembre, date de la publication du cahier des charges.

Par une étrange négligence, l'Administration à qui cependant toutes les pièces de la procédure avaient été signifiées, ne la fit que le 30 Novembre.

Le Tribunal d'Oran la débouta de cette opposition, comme n'ayant pas été formée dans le délai exigé par la Loi, sans se prononcer sur la validité de l'inscription hypothécaire du sieur Valérian et de la dame Crozes et sur leur droit de faire vendre la Concession.

Cette intervention n'eut donc d'autre effet, que de porter un nouveau discrédit sur l'affaire, en faisant naître un doute sur le droit qu'aurait l'adjudicataire, d'offrir les immeubles en garantie des ressources qui pourraient lui être nécessaires pour développer son exploitation.

L'Administration écartant par cette contestation les amateurs qui avaient l'intention de se présenter pour enchérir, acheva la ruine de la Société et la perte totale de son capital social.

M. Valérian, devenu propriétaire pour un prix dérisoire. de deux Etablissements, dont bien des stations de France auraient envié l'aménagement et le confort, put se rendre acquéreur de tout le mobilier et le matériel qui les garnissaient pour 8,569 fr. 18 c.

Ce mobilier et ce matériel avaient été évalués 43,533 fr. lors du dernier inventaire.

En un mot et pour résumer le mémoire ci-dessus.

La Société des Eaux Thermales, liée avec l'Etat, par la convention du 29 Novembre 1882, dont elle avait rempli et au delà les obligations, était en droit d'attendre de lui, sinon aide et protection, tout au moins la stricte observation de ses engagements.

L'Etat au contraire a violé la clause la plus importante de cette convention, en autorisant la commune de Hammam-bou-Hadjar, à faire concurrence à notre Etablissement.

Cette concurrence, a ruiné le crédit de la Société et la privant d'une partie de ses ressources, a amené son expropriation.

Il est hors de doute, que le prix d'adjudication, eut sinon dépassé, tout au moins atteint, le chiffre des dépenses faites pour la création des Etablissements, si cette concurrence, n'eût fait supposer, que la concession, ne comportait pas le monopole de l'exploitation des Eaux.

Les acheteurs, déjà détournés par ce doute, ont été définitivement écartés, par l'intervention intempestive de l'Administration, contestant aux concessionnaires, le droit de conférer hypothèque sur leurs immeubles.

Non seulement l'Etat, a causé la perte totale d'un capital social de *trois cent mille francs,* mais il a encore empêché les actionnaires et le créateur de la station, de retirer de leur entreprise, le bénéfice qu'ils étaient en droit d'en attendre.

Il profite en outre de ce désastre, car il reste propriétaire des bâtiments édifiés et des améliorations faites par la Société, sur ses terrains.

Il doit en toute justice réparation du dommage qu'il a causé.

Tous les intéressés ont le ferme espoir que M. le Gouverneur n'hésitera pas à la leur accorder.

Le Gérant de la Société :

A. TROMBERT.

www.ingramcontent.com/pod-product-compliance
Lightning Source LLC
LaVergne TN
LVHW020251230826
846091LV00006B/2349

9782013432504